CHRISTA SCHMEDES

ALLES OHNE MEHL

FOTOGRAFIE: WOLFGANG SCHARDT

INHALT

Öffnen Sie die Klappen dieses Buches.
Dort finden Sie die wichtigsten Infos zum Thema auf einen Blick!

DAS PRINZIP: ALLES OHNE MEHL

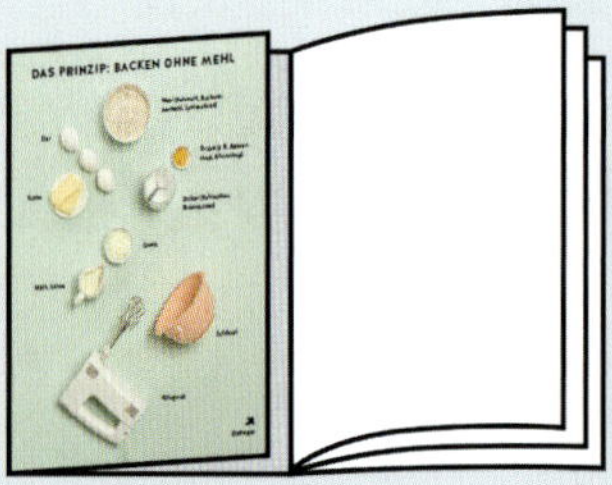

DIE PERFEKTE KOMBI

Immer griffbereit:

SO GEHT'S: HEFETEIG OHNE GLUTEN

Immer griffbereit:

SO GEHT'S: DEKO-IDEEN

GU CLOU

Wussten Sie schon, dass ...?
Entdecken Sie bei einigen ausgewählten Rezepten ganz besondere Tipps mit verblüffendem Insiderwissen. Aha-Momente garantiert!

Die Backzeiten können je nach Herd variieren. Unsere Temperaturangaben beziehen sich auf das Backen im Elektroherd mit Ober- und Unterhitze.

Sammeln Ihrer Lieblingsrezepte mit der »GU Kochen Plus«-App (siehe S. 64)

REZEPTKAPITEL

CHRISTA SCHMEDES

Selbst Gebackenes ist echtes Soulfood, findet die Kochbuchautorin und leidenschaftliche Bäckerin. Niemand sollte auf Kuchen und Co. verzichten müssen, nur weil er Gluten nicht verträgt. Zum Glück gibt es mittlerweile viele tolle Alternativen zu Mehl.

Wie ich auf glutenfreies Backen gekommen bin?

Eine liebe Freundin von mir hat eine Glutenunverträglichkeit. Da sie Kuchen und Gebäck liebt und es ihr schwerfiel, darauf zu verzichten, habe ich für sie immer wieder neue glutenfreie Backrezepte entwickelt und ausprobiert. Mit der Zeit hatte ich immer mehr Abnehmer für meine glutenfreien Kuchen und süßen Teilchen. Daraus entstand die Idee, meine Rezepte in einem Buch zu sammeln und so vielen Menschen zur Verfügung zu stellen.

Warum glutenfreies Backen?

Im Vordergrund steht natürlich die Gesundheit: Wer Gluten nicht verträgt, muss konventionelle Mehle aus Weizen, Dinkel und Roggen konsequent vermeiden. Aber auch abseits von Zöliakie und Unverträglichkeiten entscheiden sich immer mehr Leute aus kreativem Ehrgeiz oder aus Interesse am Backen dafür, einfach mal zwischendurch auf Lebensmittel mit Gluten zu verzichten.

Worauf kommt es beim Backen ohne Mehl an?

Es ist nicht ganz leicht Weizen- oder Dinkelmehl durch glutenfreie Alternativen zu ersetzen. Man muss sich schlau machen und selbst ein wenig ausprobieren. Die Mischung ist wichtig. Mischungen, die zu zwei Dritteln aus glutenfreien Mehlen und zu einem Drittel aus glutenfreiem Stärkemehl sowie einem Bindemittel bestehen, funktionieren meiner Erfahrung nach sehr gut. Je nachdem, was ich backen will, stelle ich meine Mischungen aus unterschiedlichen Mehlen selbst zusammen und ergänze sie durch glutenfreie Lebensmittel, wie z. B. Nüsse und Mandeln.

BAISERS AUS 3 ZUTATEN

2 Eiweiße steif schlagen. 60 g Zucker unter Rühren einrieseln lassen.

1 TL Speisestärke mit 20 g Zucker vermischen und unter die Baisermasse ziehen.

Backofen auf 220° 5 Min. vorheizen. Mit 2 TL kleine Häufchen auf das Blech setzen. Backofen auf 100° zurückschalten. Baisers im Ofen (unten) 30–40 Min. trocknen lassen. Backofen ausschalten, Baisers bei leicht geöffneter Backofentür nachtrocknen lassen.

KLASSIKER

Für 1 Springform (26 cm ∅; 10 Stücke) • 20 Min. Zubereitung • 45 Min. Backen •
Pro Stück ca. 330 kcal, 16 g E, 17 g F, 26 g KH

KÄSEKUCHEN

SCHNELL

1 Bio-Zitrone
150 g weiche Butter
150 g Zucker
1 Pck. Vanille-Puddingpulver (zum Kochen)
1 kg Magerquark
4 Eier (M)

AUSSERDEM

Puderzucker zum Bestäuben
Fett für die Form

1 Den Backofen auf 180° vorheizen. Die Backform fetten.

2 Die Zitrone waschen, trocken tupfen, 1 TL Schale abreiben, den Saft auspressen. Die Butter mit Zucker cremig verrühren. Puddingpulver, Quark, Zitronenschale und -saft dazugeben und zu einer cremigen Masse aufschlagen. Die Eier einzeln unterrühren.

3 Die Quarkmasse in die vorbereitete Form füllen. Im Ofen (Mitte) ca. 45 Min. backen. Den Kuchen herausnehmen und leicht abkühlen lassen. Den Käsekuchen aus der Form lösen und noch warm mit Puderzucker bestäuben.

Für 1 Springform (26 cm ∅; 12 Stücke) • 20 Min. Zubereitung • 40 Min. Backen • Pro Stück ca. 265 kcal, 9 g E, 18 g F, 17 g KH

RICOTTA-MANDEL-KUCHEN

FÜR GÄSTE

1 Bio-Limette
5 Eier (M)
Salz
150 g Zucker
150 g weiche Butter
250 g Ricotta (italienischer Frischkäse)
125 g Mandelmehl

AUSSERDEM

Fett für die Form
Puderzucker zum Bestäuben

1 Den Backofen auf 180° vorheizen. Die Form fetten. Die Limette waschen, trocken tupfen, die Schale abreiben, den Saft auspressen.

2 Die Eier trennen. Eiweiße mit 1 Prise Salz steif schlagen, 50 g Zucker einrieseln lassen.

3 Die Butter mit übrigem Zucker, Ricotta, Limettensaft und -schale glatt rühren. Die Eigelbe unterrühren, Eischnee und Mandelmehl locker unter die Ricottamasse heben.

4 Den Teig in die vorbereitete Form füllen und glatt streichen. Den Kuchen im Ofen (Mitte) ca. 40 Min. backen. Herausnehmen und kurz abkühlen lassen. Aus der Form lösen. Vor dem Servieren dick mit Puderzucker bestäuben.

Für 1 Tarteform (30 cm ∅; 12 Stücke) • 20 Min. Zubereitung • 20 Min. Kühlen • 25 Min. Backen • Pro Stück ca. 200 kcal, 3 g E, 12 g F, 19 g KH

APFELTARTE

HERBST-REZEPT

125 g Buchweizenmehl
Salz
145 g kalte Butter
125 g Magerquark
5 mittelgroße Äpfel (z. B. Elstar, ca. 500 g)
3 EL Apfelgelee
40 g Zucker

AUSSERDEM

Fett für die Form
Buchweizenmehl zum Arbeiten

1 Den Backofen auf 220° vorheizen. Die Tarteform fetten. Buchweizenmehl mit 1 Prise Salz auf die Arbeitsfläche geben. 125 g Butter mit einem Messer in hauchdünne Späne schneiden und mit dem Mehl vermischen. Den Quark dazugeben. Alles zügig mit den Händen zu einem glatten Teig verarbeiten. Den Teig auf der bemehlten Arbeitsfläche dünn ausrollen und in die Form legen, dabei einen 1 cm hohen Rand formen. 20 Minuten kalt stellen.

2 Die Äpfel waschen, schälen und vierteln. Die Kerngehäuse entfernen. Die Viertel in schmale gleichmäßige Spalten schneiden. 2 EL Apfelgelee glatt rühren und auf dem Teigboden verteilen. Die Äpfel dachziegelartig darauflegen. Die übrige Butter mit Zucker und übrigem Gelee unter Rühren erhitzen. Die Mischung gleichmäßig auf den Apfelspalten verteilen. Die Tarte im Ofen (Mitte) ca. 25 Min. backen, bis sie goldbraun ist.

Für 1 Tarteform (30 cm ∅; 12 Stücke) • 25 Min. Zubereitung • 30 Min. Kühlen • 20 Min. Backen • Pro Stück ca. 220 kcal, 4 g E, 13 g F, 21 g KH

TARTE TATIN MIT APRIKOSEN

SOMMER-REZEPT

80 g weiche Butter
40 g Puderzucker
1 Ei (M)
50 g Kokosmehl
50 g Reismehl
100 g gemahlene Mandeln
700 g Aprikosen
100 g Zucker

AUSSERDEM
Butter für die Form

1 Die weiche Butter mit Puderzucker und Ei glatt rühren. Die Mehle mit den Mandeln mischen, dazugeben und zu einem glatten Teig verkneten. Teig in Frischhaltefolie wickeln und 30 Min. kalt stellen.

2 Die Aprikosen waschen, trocken tupfen, halbieren und die Steine entfernen. 80 g Zucker mit 4 EL Wasser in einem Topf aufkochen und bei mittlerer Hitze köcheln lassen, bis ein hellbrauner Karamell entsteht. Die Tarteform mit Butter ausstreichen, Karamell gleichmäßig einfüllen. Die Aprikosen mit der Wölbung nach oben in die Form geben, mit übrigem Zucker bestreuen.

3 Den Backofen auf 200° vorheizen. Teig zwischen Backpapier etwas größer als die Form ausrollen und auf die Aprikosen legen. Am Rand etwas nach unten drücken. Die Tarte im Ofen (Mitte) ca. 20 Min. backen. Herausnehmen, kurz abkühlen lassen und auf eine Kuchenplatte stürzen.

Für 1 Muffinform (12 Stück) • 20 Min. Zubereitung • 25 Min. Backen •
Pro Stück ca. 270 kcal, 4 g E, 17 g F, 23 g KH

HEIDELBEER-MUFFINS

FÜR KINDER

150 g Heidelbeeren
1 Pck. Vanillezucker
100 g Kokosmehl
80 g Reismehl
50 g gemahlene Mandeln
2 TL Backpulver
150 g weiche Butter
125 g Zucker
1 Ei (M)
250 g Joghurt

AUSSERDEM
12 Papierförmchen
Puderzucker zum Bestäuben

1 Den Backofen auf 180° vorheizen. Die Muffinform mit Papierförmchen auslegen. Die Heidelbeeren verlesen, wenn nötig waschen, trocken tupfen und mit dem Vanillezucker mischen.

2 Die Mehle mit den Mandeln und dem Backpulver mischen. Die Butter mit dem Zucker und dem Ei cremig schlagen. Den Joghurt unterrühren. Die Mehlmischung zügig einarbeiten. Die Heidelbeeren locker unter den Teig heben.

3 Den Teig in die Mulden der Muffinform füllen. Im Backofen (Mitte) ca. 25 Min. backen. Die Muffins herausnehmen, kurz abkühlen lassen und mit Puderzucker bestäuben.

Für 1 Muffinform (12 Stück) • 25 Min. Zubereitung • 25 Min. Backen •
Pro Stück ca. 350 kcal, 7 g E, 20 g F, 35 g KH

APFELMUFFINS MIT KROKANT

MIT CRUNCH

2 Äpfel (z. B. Elstar, ca. 300 g)
3 EL Sesam
150 g Buchweizenmehl
150 g gemahlene Mandeln
2 TL Backpulver
2 Eier (M)
120 g Rohrzucker
100 ml Öl
1 EL Vanille Puddingpulver
200 g Joghurt

AUSSERDEM
12 Papierförmchen
100 g Puderzucker

1 Den Backofen auf 180° vorheizen. Die Muffinform mit Papierförmchen auslegen. Die Äpfel schälen und halbieren. Die Kerngehäuse entfernen. Die Äpfel nicht zu fein raspeln, mit 1 EL Sesam vermischen. Buchweizenmehl und Mandeln mit dem Backpulver mischen. Die Eier mit 100 g Zucker, Öl, Puddingpulver und Joghurt verrühren. Apfel- und Mehlmischung zügig unterrühren. Den Teig in die Muffinmulden füllen. Im Ofen (Mitte) ca. 25 Min. backen.

2 Übrigen Zucker in einer Pfanne schmelzen, übrigen Sesam dazugeben und unter Rühren karamellisieren. Krokant auf einem Backpapier erkalten lassen. Muffins herausnehmen und auf einem Kuchengitter leicht abkühlen lassen.

3 Den Puderzucker mit 3 EL lauwarmem Wasser verrühren. Die Muffins mit der Glasur beträufeln und mit Sesamkrokant verzieren.

Für 1 Tarteform (22 cm ∅; 8 Stücke) • 30 Min. Zubereitung • 30 Min. Kühlen • 45 Min. Backen • Pro Stück ca. 365 kcal, 12 g E, 20 g F, 34 g KH

ZITRONENTARTE

SOMMER-REZEPT

FÜR DEN BODEN

75 g weiche Butter und Butter für die Form
1 Eigelb (M)
40 g Puderzucker
150 g Mandelmehl

FÜR DEN BELAG

3 Bio-Zitronen
3 Eier (M)
2 Eigelb (M)
180 g Zucker
125 g Sahne
1 TL Puderzucker

BODEN: Die Tarteform fetten. Für den Boden die Butter mit Eigelb, 2 EL Wasser und Puderzucker glatt rühren. Mandelmehl unterkneten. Den Teig zwischen Frischhaltefolie etwas größer als die Form ausrollen, in die Form geben und einen 2–3 cm hohen Rand formen. Die Form 30 Min. kalt stellen. Den Backofen auf 180° vorheizen. Den Teigboden mit einer Gabel mehrmals einstechen und mit Backpapier belegen. Im Ofen (Mitte) 10 Min. vorbacken.

BELAG: Die Zitronen heiß waschen, trocken tupfen. Von 2 Zitronen die Schale abreiben und den Saft auspressen. Übrige Zitrone in hauchdünne Scheiben schneiden, mit Puderzucker bestäuben. Mit Frischhaltefolie abdecken. Die Eier, die Eigelbe und den Zucker schaumig schlagen. Zitronensaft und -schale unterrühren. Die Sahne steif schlagen und unterrühren. Die Füllung auf den Boden geben. Im Ofen (unten) ca. 35 Min. backen. Die Tarte aus dem Ofen nehmen. Vor dem Servieren mit Zitronenscheiben dekorieren.

Für 1 Springform (24 cm ∅; 12 Stücke) • 45 Min. Zubereitung • 20 Min. Backen • 6 Std. Kühlen • Pro Stück ca. 330 kcal, 5 g E, 24 g F, 24 g KH

CHEESECAKE

CREMIG

FÜR DEN BODEN

2 Eier (M)
50 g Zucker
50 g gemahlene Haselnüsse
1 TL Kakaopulver
1 TL Speisestärke

FÜR DEN BELAG

150 g weiße Schokolade
100 g Crème fraîche
1 Pck. Vanillezucker
600 g Doppelrahm-Frischkäse
100 g Puderzucker

BODEN: Den Backofen auf 180° vorheizen. Den Boden der Form mit Backpapier belegen. Die Eier mit Zucker in 5 Min. cremig aufschlagen. Die Haselnüsse mit Kakaopulver und Speisestärke mischen und locker unter die Eiercreme ziehen. Den Teig in die Form füllen, glatt streichen. Im Ofen (Mitte) ca. 20 Min. backen. Herausnehmen, leicht abkühlen lassen und auf eine Platte stürzen. Den Boden mit einem Tortenring umschließen.

BELAG: Die Schokolade in Stücke brechen. Die Crème fraiche mit dem Vanillezucker in einem Topf erwärmen. Die Schokolade dazugeben und unter Rühren schmelzen. Abkühlen lassen. Den Frischkäse mit Puderzucker glatt rühren. Abgekühlte Schokocreme unterrühren. Creme auf den Teigboden geben und glatt streichen. Cheesecake mindestens 6 Std. kalt stellen.

1

2

3

ORANGENKUCHEN

AUS DEM ORIENT

4

5

6

Für 1 Springform (24 cm ∅; 8 Stücke) • 50 Min. Zubereitung • 1 Std. 30 Min. Kochen • 50 Min. Backen • Pro Stück ca. 475 kcal, 15 g E, 29 g F, 39 g KH

4 Bio-Orangen
6 Eier (M)
250 g Rohrzucker
1 EL Orangenblütenwasser (Apotheke; ersatzweise 1 EL Rosenwasser)
300 g gemahlene Mandeln

AUSSERDEM
Fett und gemahlene Mandeln für die Form

GU **CLOU**

Die gekochten und pürierten Orangen verleihen dem Kuchen ein unvergleichlich intensives Aroma.

1 Die Orangen heiß waschen. 3 Orangen in einem Topf mit Wasser bedecken, aufkochen und ca. 1 Std. 30 Min. bei mittlerer Hitze weich kochen (Bild 1). Die Orangen aus dem Wasser heben und abkühlen lassen.

2 Die Früchte in grobe Stücke schneiden, dabei die Kerne entfernen (Bild 2). Die Orangenstücke in einem Mixer oder mit dem Pürierstab fein zerkleinern.

3 Den Backofen auf 180° vorheizen. Die Form fetten und mit Mandeln ausstreuen (Bild 3). Die Eier mit 180 g Rohrzucker und dem Orangenblütenwasser cremig rühren. Die Mandeln und das Orangenpüree unterheben. Den Teig in die Form füllen (Bild 4). Im Ofen (Mitte) ca. 50 Min. backen. Herausnehmen und abkühlen lassen.

4 Für den Sirup die Schale der übrigen Orange hauchdünn abschälen und in feine Streifen schneiden (Bild 5). Den Saft auspressen, mit 100 ml Wasser und übrigem Rohrzucker aufkochen und 3 Min. sirupartig einkochen lassen. Orangenschale dazugeben und im Sirup ziehen lassen. Zum Kuchen servieren.

*Für 1 Springform (24 cm ∅; 12 Stücke) • 30 Min. Zubereitung • 50 Min. Backen •
Pro Stück ca. 350 kcal, 9 g E, 17 g F, 40 g KH*

RÜBLIKUCHEN

FÜR OSTERN

1 Bio-Orange
300 g junge Möhren
6 Eier (M)
200 g Rohrzucker
300 g gemahlene Mandeln
1 EL Speisestärke
100 g Aprikosenkonfitüre
2 EL Zitronensaft
150 g Puderzucker
12 Marzipanrübchen

1 Backofen auf 180° vorheizen. Die Backform mit Backpapier belegen. Die Orange heiß waschen, trocken tupfen, Schale abreiben, Saft auspressen. Die Möhren waschen, schälen und auf der Gemüsereibe fein reiben, mit Orangensaft und -schale mischen.

2 Die Eier trennen. Eiweiße steif schlagen, 50 g Zucker einrieseln lassen. Eigelbe mit übrigem Zucker cremig rühren. Mandeln mit Speisestärke und Möhren mischen. Die Hälfte des Eischnees unter die Eigelbcreme rühren. Möhrenmischung unterrühren. Übrigen Eischnee unter den Teig ziehen. Teig in die Form füllen, glatt streichen. Im Ofen (Mitte) ca. 50 Min. backen.

3 Den Kuchen aus der Form lösen, Aprikosenkonfitüre mit 1 EL Zitronensaft verrühren, den Kuchen damit bestreichen. Puderzucker mit 1–2 EL lauwarmem Wasser und 1 EL Zitronensaft glatt rühren. Den Kuchen damit überziehen, mit Marzipanrübchen verzieren.

Für 1 Springform (26 cm ∅; 12 Stücke) • 35 Min. Zubereitung • 40 Min. Backen • Pro Stück ca. 200 kcal, 7 g E, 12 g F, 22 g KH

SPANISCHER MANDELKUCHEN

LOW CARB

6 Eier (M)
Salz
200 g Birkenzucker (Xylit)
2 Pck. Vanillezucker
1 TL abgeriebene Bio-Orangenschale
½ TL Zimtpulver
2 TL Brandy (nach Belieben)
200 g geschälte, gemahlene Mandeln

AUSSERDEM
Puderzucker zum Bestäuben

1 Den Backofen auf 180° vorheizen. Die Form mit Backpapier belegen. Die Eier trennen, Eiweiße mit 1 Prise Salz steif schlagen, dabei 2 EL Birkenzucker einrieseln lassen. Eigelbe mit übrigem Birkenzucker, Vanillezucker, Orangenschale und Zimtpulver cremig rühren. Nach Belieben den Brandy unterrühren. Ein Drittel Eischnee unter den Teig rühren. Die Mandeln und den übrigen Eischnee locker unter den Teig heben.

2 Den Teig in die Form füllen, die Oberfläche glatt streichen. Den Kuchen im Ofen (Mitte) ca. 40 Min. backen. Leicht abgekühlt aus der Form lösen. Auf einem Kuchengitter abkühlen lassen. Den Kuchen mit Puderzucker bestäuben.

Für 1 Springform (24 cm ∅; 12 Stücke) • 20 Min. Zubereitung • 40 Min. Backen •
Pro Stück ca. 230 kcal, 4 g E, 15 g F, 19 g KH

SCHOKOLADENKUCHEN

SAFTIG

100 g Blockschokolade
100 g weiche Butter
3 Eier (M)
Salz
125 g Zucker
100 g geschälte, gemahlene Mandeln

AUSSERDEM
Fett für die Form
Puderzucker zum Bestäuben

1 Den Backofen auf 180° vorheizen. Den Boden der Form mit Backpapier belegen. Den Rand fetten. Die Schokolade in Stücke brechen, mit der Butter in einen Topf geben und über dem heißen Wasserbad schmelzen lassen. Die Eier trennen, Eiweiße mit 1 Prise Salz steif schlagen, dabei 25 g Zucker einrieseln lassen. Eigelbe mit übrigem Zucker cremig rühren. Schoko-Butter-Creme unterrühren. Eischnee und Mandeln unterheben.

2 Den Teig in die Form füllen und glatt streichen. Im Ofen (unten) ca. 40 Min. backen. Herausnehmen und leicht abgekühlt aus der Form lösen. Vor dem Servieren mit Puderzucker bestäuben.

Für 1 Springform (24 cm ∅; 12 Stücke) • 20 Min. Zubereitung • 40 Min. Backen •
Pro Stück ca. 275 kcal, 4 g E, 16 g F, 29 g KH

MARONENKUCHEN

AUS ITALIEN

4 Eier (M)
Salz
150 g Zucker
150 g weiche Butter
450 g Maronenpüree (aus dem Glas)
50 g Kastanienmehl
1 EL Grappa (nach Belieben)

AUSSERDEM

50 g weiße Schokolade
2 EL Milch
Fett für die Form

1 Den Backofen auf 180° vorheizen. Die Form fetten oder mit Backpapier belegen. Die Eier trennen. Eiweiße mit 1 Prise Salz steif schlagen. 2 EL Zucker einrieseln lassen. Die Butter mit dem übrigen Zucker und den Eigelben cremig rühren. Das Maronenpüree dazugeben. Alles zu einer cremigen Masse aufschlagen. Eischnee und Kastanienmehl locker unter die Maronenmasse ziehen.

2 Den Teig in die Form füllen und glatt streichen. Im Ofen (Mitte) ca. 40 Min. backen. Herausnehmen, leicht abkühlen lassen und aus der Form nehmen. Die Schokolade in Stücke brechen. Die Milch erwärmen und die Schokolade darin schmelzen lassen. Geschmolzene Schokolade in einen Einwegspritzbeutel füllen, mit der Schere ein winziges Loch einschneiden und gitternetzartig feine Linien auf die Oberfläche des Kuchens spritzen.

*Für 16 Scheiben • 40 Min. Zubereitung • 1 Std. 30 Min. Ruhen • 35 Min. Backen •
Pro Scheibe ca. 165 kcal, 3 g E, 4 g F, 28 g KH*

HEFEZOPF

ZUM KAFFEE

1 Würfel Hefe (42 g)
50 g Zucker
200 g Reismehl
200 g Vollkorn-Amarantmehl
100 g Speisestärke
1 TL Guarkernmehl
1 TL Salz
50 g Butter
225 ml lauwarme Milch
1 Ei (M)

AUSSERDEM
2 EL Milch
20 g Mandelblättchen
1 TL Vanillezucker
Reismehl zum Arbeiten

VEGANER HEFEZOPF
Den Hefeteig mit 75 g Margarine und ca. 225 ml Reismilch zubereiten. 1 TL Guarkernmehl unterkneten. Alles zu einem glatten Teig verarbeiten. Teig zugedeckt 1 Std. ruhen lassen. Zu einem Zopf flechten. Mit Reismilch bestreichen und backen wie beschrieben.

1 Die Hefe in einer Schüssel zerbröckeln, mit 3–4 EL lauwarmem Wasser auflösen, mit 1 TL Zucker bestreuen und 10 Min. gehen lassen. Die Mehle in einer Schüssel mit Guarkernmehl, Salz und übrigem Zucker mischen. In die Mitte eine Mulde drücken, aufgelöste Hefe hineingeben.

2 Die Butter in einem Topf zerlassen, Milch und Ei dazugeben und alles mit den Händen oder den Knethaken des Handrührgeräts zu einem glatten Teig verkneten. Teig an einem warmen Ort zugedeckt 1 Std.gehen lassen.

3 Ein Backblech mit Backpapier belegen. Den Teig auf wenig Reismehl kräftig durchkneten, in drei gleich große Stück teilen und zu ca. 30 cm langen Rollen formen. Die Rollen zu einem Zopf flechten, dabei die Enden etwas zusammendrücken. Zopf auf das Blech legen und zugedeckt 20 Min. gehen lassen.

4 Den Backofen auf 180° vorheizen. Hefezopf mit Milch bestreichen, Mandelblättchen darauf verteilen. Vanillezucker darüber streuen. Im Ofen (Mitte) ca. 35 Min. backen.

Für 1 Kastenform (30 cm Länge; 16 Stücke) • 25 Min. Zubereitung • 50 Min. Backen •
Pro Stück ca. 245 kcal, 3 g E, 14 g F, 27 g KH

SANDKUCHEN

EINFACH

6 Eier (M)
Salz
50 g Zucker
200 g weiche Butter
100 g Puderzucker
2 EL Zitronensaft
200 g Speisestärke
1 TL Backpulver

AUSSERDEM
100 g Puderzucker
Fett für die Form

1 Den Backofen auf 180° vorheizen. Die Form fetten. Die Eier trennen. Die Eiweiße mit 1 Prise Salz steif schlagen, dabei 50 g Zucker einrieseln lassen. Die Butter mit Puderzucker, Zitronensaft und Eigelben cremig aufschlagen. Ein Drittel des Eischnees unterrühren. Die Speisestärke mit Backpulver mischen und einrühren. Übrigen Eischnee locker unterziehen.

2 Den Teig in die vorbereitete Kastenform füllen und glatt streichen. Im Ofen (Mitte) ca. 50 Min. backen. Leicht abgekühlt aus der Form stürzen und auf einem Kuchengitter abkühlen lassen. Den Puderzucker mit 2 EL Wasser zu einem dicken Guss rühren und mit einer Palette auf dem abgekühlten Kuchen verstreichen.

Für 1 Gugelhupfform (1,5 l Inhalt; 16 Stücke) • 30 Min. Zubereitung • 50 Min. Backen • Pro Stück ca. 285 kcal, 5 g E, 21 g F, 18 g KH

MARMORKUCHEN

FÜR KINDER

200 g gemahlene Mandeln
200 g Margarine
2 EL Sonnenblumenöl
150 g Rohrohrzucker
1 Pck. Vanillezucker
4 Eier (M)
150 g Reismehl
1 TL Backpulver
2 EL Kakaopulver
2 Tropfen Bittermandelöl

AUSSERDEM
Puderzucker zum Bestäuben
Fett für die Form

1 Den Backofen auf 180° vorheizen. Die Form fetten. Die Mandeln in einer Pfanne ohne Fett leicht anrösten, abkühlen lassen. Die Margarine mit Öl, Rohrohrzucker und Vanillezucker cremig rühren. Die Eier einzeln unter Rühren dazugeben. Geröstete Mandeln unterrühren. Reismehl mit Backpulver mischen, unterheben.

2 Die Hälfte des Teiges mit Kakaopulver und Bittermandelöl mischen und gut verrühren. Den hellen und dunklen Teig abwechselnd in die Form füllen und mit einer Gabel ineinander ziehen. Den Kuchen im Ofen (Mitte) ca. 50 Min. backen. Leicht abgekühlt aus der Form stürzen und auf einem Kuchengitter abkühlen lassen. Vor dem Servieren mit Puderzucker bestäuben.

PIKANT

Für 12 Stück • 25 Min. Zubereitung • 50 Min. Ruhen • 20 Min. Backen •
Pro Stück ca. 160 kcal, 5 g E, 9 g F, 15 g KH

BUTTERMILCHBRÖTCHEN

ZUM FRÜHSTÜCK

200 ml Buttermilch
1 TL Honig
30 g frische Hefe
2 EL Amarant
50 g Amarant-Vollkornmehl
100 g gemahlene Mandeln
150 g Buchweizenmehl
Salz
50 ml Rapsöl

1 Die Buttermilch mit dem Honig leicht erwärmen, die Hefe darin auflösen. 1 EL Amarant, Amarantmehl, gemahlene Mandeln, Buchweizenmehl und 1 TL Salz in einer Schüssel mischen. Hefe-Buttermilch und Öl zum Mehl geben, alles gut vermischen und ca. 5 Min. mit den Knethaken des Handrührgeräts durchkneten. Den Teig zugedeckt an einem warmen Ort 30 Min. gehen lassen.

2 Den Backofen auf 200° vorheizen. Ein Backblech mit Backpapier belegen. Den Teig nochmals kräftig durchkneten, zu einer Rolle formen und in zwölf gleich große Stücke schneiden. Die Stücke zu runden Brötchen formen und auf das Blech legen, zugedeckt nochmals 20 Min. gehen lassen. Danach die Brötchen sternförmig einschneiden, mit lauwarmem Wasser bestreichen und mit übrigem Amarant bestreuen. Eine ofenfeste Form mit Wasser füllen und auf den Boden des Backofens stellen. Die Brötchen im Ofen (Mitte) ca. 20 Min. backen.

Für 12 Stück • 25 Min. Zubereitung • 45 Min. Ruhen • 20 Min. Backen •
Pro Stück ca. 205 kcal, 7 g E, 12 g F, 18 g KH

BUCHWEIZEN-CHIA-BRÖTCHEN

EINFACH

250 g Kefir
1 EL Ahornsirup
30 g frische Hefe
200 g Buchweizenmehl und Mehl zum Arbeiten
50 g Lupinenmehl
100 g gemahlene Haselnüsse
1 TL Salz
2 EL Leinsamen
2 EL Chia-Samen
1 TL Fenchelsamen
50 ml Nussöl

1 Den Kefir mit dem Ahornsirup leicht erwärmen. Die Hefe zerbröckeln und darin auflösen.

2 Buchweizenmehl mit Lupinenmehl, Haselnüssen und Salz in einer Schüssel mischen, Hefe-Kefir-Mix dazugeben. Leinsamen, 1 EL Chia-Samen und Fenchelsamen mit dem Öl vermischen, dazugeben und alles mit den Knethaken des Handrührgeräts in 5 Min. zu einem glatten Teig kneten. Den Teig zugedeckt 30 Min. gehen lassen.

3 Den Backofen auf 200° vorheizen. Den Teig auf wenig Mehl nochmals kräftig durchkneten, zu einer Rolle formen. In zwölf gleich große Stücke schneiden und zu Kugeln formen. Die Teigkugeln aufs Blech setzen, etwas flach drücken, mit lauwarmem Wasser bestreichen, mit übrigen Chia-Samen bestreuen und zugedeckt 15 Min. gehen lassen. Eine ofenfeste Form mit Wasser auf den Boden des Backofens stellen. Die Brötchen im Ofen (Mitte) ca. 20 Min. backen.

Für 1 Kastenform (30 cm Länge; ca. 20 Scheiben) • 30 Min. Zubereitung • 1 Std. 20 Min. Ruhen • 1 Std. Backen • Pro Scheibe ca. 175 kcal, 4 g E, 9 g F, 19 g KH

NUSSBROT

LOW CARB

150 g glutenfreies Hafermehl
150 g Buchweizenmehl
150 g Speisestärke
1 TL gemahlener Koriander
½ TL frisch geriebene Muskatnuss
Salz
1 Würfel Hefe (42 g)
2 TL Ahornsirup
50 ml Olivenöl
100 g gemahlene Haselnüsse
100 g gemahlene Walnüsse
50 g gehackte Kürbiskerne
gehackte Haselnüsse zum Bestreuen
Fett für die Form

1 Die Mehle mit Speisestärke, Koriander, Muskat und Salz in einer Schüssel mischen. Die Hefe zerbröckeln, mit 350 ml lauwarmem Wasser, Ahornsirup und Olivenöl verrühren, zur Mehlmischung geben. Mit den Knethaken des Handrührgeräts in 5 Min. zu einem geschmeidigen Teig verkneten. Teig zugedeckt 1 Std. an einem warmen Ort gehen lassen.

2 Den Backofen auf 220° vorheizen. Die Kastenform einfetten. Nüsse und Kürbiskerne in einer Pfanne ohne Fett leicht anrösten und unter den Teig kneten. Den Teig in die Form geben. Zugedeckt 20 Min. ruhen lassen. Das Nussbrot mit Wasser bestreichen, mit Haselnüssen bestreuen. Eine ofenfeste Form mit Wasser füllen und auf den Boden des Backofens stellen. Das Brot im Ofen (Mitte) 1 Std. backen. Abkühlen lassen und aus der Form nehmen.

Für 1 Kastenform (30 cm Länge; ca. 20 Scheiben) • 25 Min. Zubereitung • 1 Std. 30 Min. Ruhen • 1 Std. Backen • Pro Scheibe ca. 125 kcal, 3 g E, 2 g F, 23 g KH

KARTOFFELBROT

SAFTIG

350 g gekochte Kartoffeln
150 g Reismehl
150 g glutenfreies Hafermehl
150 g Kartoffelstärke
1 EL gemahlene Flohsamenschalen
1 TL Salz
1 Würfel Hefe (42 g)
2 EL Rübensirup
2 EL Sesam
50 g glutenfreie Haferflocken

AUSSERDEM

Öl für die Form
glutenfreie Haferflocken zum Bestreuen

1 Die Kartoffeln schälen und fein reiben. Die Mehle mit Kartoffelstärke, Flohsamenschalen und Salz in einer Schüssel mischen. Die Hefe zerbröckeln, mit 500 ml lauwarmem Wasser und Rübensirup verrühren. Mit den geriebenen Kartoffeln, Sesam und Haferflocken zum Mehlmix geben. Alles mit den Knethaken des Handrührgeräts 5 Min. kneten. Den Teig zugedeckt 1 Std. gehen lassen.

2 Die Kastenform fetten. Den Teig nochmals kräftig durchkneten. Teig in die Form geben und zugedeckt 30 Min. gehen lassen.

3 Den Backofen auf 220° vorheizen. Die Oberfläche des Brotteiges mehrmals kreuzweise einritzen, mit Wasser bestreichen und mit Haferflocken bestreuen. Eine ofenfeste Form mit Wasser auf den Boden des Backofens stellen. Das Brot im Ofen (Mitte) in ca. 1 Std. goldbraun backen, nach 10 Min. die Temperatur auf 200° reduzieren. Das fertige Brot abkühlen lassen und aus der Form nehmen.

Für 1 Baguette (ca. 20 Scheiben) • 25 Min. Zubereitung • 1 Std. 20 Min. Ruhen • 30 Min. Backen • Pro Scheibe ca. 75 kcal, 2 g E, 0 g F, 16 g KH

BAGUETTE

AUS FRANKREICH

200 g Reismehl und Mehl zum Arbeiten
100 g Teffmehl
100 g Kartoffelstärke
2 EL Flohsamenschalen
1 TL Guarkernmehl
1 ½ TL Salz
1 Würfel Hefe (42 g)
2 TL Agavendicksaft

TIPP

Für ein Walnussbaguette 100 g gehackte Walnüsse unter den Teig kneten.
Für ein Olivenbaguette zusätzlich ca. 10 grüne Oliven in Scheiben schneiden und unter den Teig kneten.
Für ein Kräuterbaguette 2 EL getrocknete Kräuter der Provence mit 2 EL Olivenöl vermischen und unterkneten.

1 Reismehl, Teffmehl, Kartoffelstärke, Flohsamenschalen, Guarkernmehl und Salz in einer Schüssel mischen. Die Hefe zerbröckeln, mit 350 ml lauwarmem Wasser und Agavendicksaft glatt rühren. Die Mischung zum Mehl geben und alles mit den Knethaken des Handrührgeräts in 5 Min. zu einem glatten Teig verkneten. Den Teig leicht mit Reismehl bestäuben und zugedeckt an einem warmen Ort 1 Std. gehen lassen.

2 Ein Backblech mit Backpapier belegen. Den Teig auf wenig Reismehl kräftig durchkneten, halbieren und zu einer ca. 30 cm langen Stange formen. Das Brot auf das Backblech legen und jeweils viermal quer 1 cm tief einritzen. Zugedeckt weitere 20 Min. gehen lassen.

3 Den Backofen auf 220° vorheizen. Eine ofenfeste Form mit Wasser füllen und auf den Boden des Backofens stellen. Baguette im Ofen (Mitte) in ca. 30 Min. goldbraun backen. Das Baguette nach 15 Min. mit Wasser besprühen. Aus dem Ofen nehmen und auf einem Kuchengitter abkühlen lassen.

GU
CLOU

Brotteig lässt sich wunderbar vorbereiten. Den Teig zugedeckt über Nacht an einem kühlen Ort ruhen lassen. Durch die lange Gehzeit wird das Baguette besonders locker und aromatisch.

Für 4 Stück • 20 Min. Zubereitung •
Pro Stück ca. 690 kcal, 17 g E, 46 g F, 49 g KH

TOFU-WAFFELN

VEGAN

100 g Reismehl • 50 g Amarantmehl • 50 g Kartoffelstärke • 50 g gemahlene Haselnüsse • 1 TL Guarkernmehl • 1 TL Backpulver • 100 ml Rapsöl • 200 ml stilles Mineralwasser • Salz • ½ TL Chiliflocken • 100 g Räuchertofu • Öl für das Waffeleisen

1 Die Mehle mit Speisestärke, gemahlenen Haselnüssen, Guarkernmehl und Backpulver mischen. Das Rapsöl mit dem Mineralwasser unter die Mehlmischung rühren und zu einem glatten Teig verrühren. Mit ½ TL Salz und Chiliflocken würzen. Den Räuchertofu in kleine Würfel schneiden und unterheben.

2 Das Waffeleisen auf mittlerer Stufe aufheizen und mit Öl bestreichen. Pro Waffel 3–4 EL Teig in die Mitte des Waffeleisens geben. Waffeleisen schließen und den Teig in 2–3 Min. zu goldbraunen Waffeln backen.

Für 4 Stück • 20 Min. Zubereitung •
Pro Stück ca. 630 kcal, 13 g E, 46 g F, 40 g KH

BUCHWEIZEN-WAFFELN

EINFACH

100 g weiche Butter • 2 Eier (M) • ¼ TL Salz • 100 g Joghurt • 100 g gemahlene Haselnüsse • 200 g Buchweizenmehl • 2 TL Backpulver • 100 ml Mineralwasser • Öl für das Waffeleisen

1 Die Butter zerlassen. Die Eier mit Salz und Joghurt mit dem Handrührgerät glatt rühren. Haselnüsse, Buchweizenmehl und Backpulver untermischen. Mineralwasser dazugeben und alles zu einem glatten Teig verrühren.

2 Das Waffeleisen mit Öl bestreichen und auf hoher Stufe aufheizen. Pro Waffel 3–4 EL Teig in die Mitte des Waffeleisens geben, Waffeleisen schließen und den Teig in 3–4 Min. zu goldbraunen Waffeln backen.

*Für 4 Stück • 20 Min. Zubereitung •
Pro Stück ca. 485 kcal, 14 g E, 24 g F, 54 g KH*

SÜSSKARTOFFEL-WAFFELN

RAFFINIERT

1 Süßkartoffel (400 g) • 1 EL Rübensirup • 3 Eier (M) • 100 g Mandelblättchen • 100 g Reismehl • 50 g Speisestärke • 1 TL Backpulver • Salz, Pfeffer • Chilipulver • Öl für das Waffeleisen

1 Die Süßkartoffel waschen, schälen und auf dem Gemüsehobel grob raspeln. Mit Rübensirup vermischen. Die Eier mit den Schneebesen des Handrührgeräts verrühren, Süßkartoffelraspel und Mandelblättchen unterrühren. Reismehl und Speisestärke mit Backpulver mischen und unterrühren. Mit Salz, Pfeffer und Chilipulver würzen.

2 Das Waffeleisen mit Öl bestreichen und auf hoher Stufe aufheizen. Pro Waffel 3–4 EL Teig in die Mitte des Waffeleisens geben. Waffeleisen schließen und den Teig in 3–4 Min. zu goldbraunen Waffeln backen.

*Für 4 Stück • 25 Min. Zubereitung •
Pro Stück ca. 550 kcal, 17 g E, 41 g F, 27 g KH*

KRÄUTER-WAFFELN

WÜRZIG

1 kleines Bund gem. Kräuter (z. B. Petersilie, Basilikum, Minze) • 50 g Bergkäse (z. B. Appenzeller) • 3 Eier (M) • 100 ml Olivenöl • 80 g Amarant-Vollkornmehl • 50 g Lupinenmehl • 1 TL Backpulver • 50 g glutenfreie Haferflocken • 100 ml Mineralwasser • Salz, Pfeffer • Öl für das Waffeleisen

1 Die Kräuter waschen, trocken schütteln und fein hacken. Den Käse fein reiben. Kräuter, Käse, Eier und Öl verrühren. Amarantmehl, Lupinenmehl, Backpulver und Haferflocken mischen und unterrühren, mit Mineralwasser zu einem glatten Teig verrühren. Teig mit Salz und Pfeffer würzen.

2 Das Waffeleisen mit Öl bestreichen und auf mittlerer Stufe aufheizen. Pro Waffel 3–4 EL Teig in die Mitte des Waffeleisens geben. Waffeleisen schließen und den Teig in 3–4 Min. zu goldbraunen Waffeln backen.

Für 8 Stück • 30 Min. Zubereitung •
Pro Stück ca. 230 kcal, 4 g E, 13 g F, 24 g KH

PANCAKES

ZUM FRÜHSTÜCK

100 g Reismehl
100 g Hirsemehl
½ TL Salz
2 TL Backpulver
2 Eier (M)
2 EL Ahornsirup
200 g Joghurt

AUSSERDEM
8 EL Öl zum Ausbacken

1 Das Reismehl und das Hirsemehl mit Salz und Backpulver in einer Schüssel mischen. Die Eier mit Ahornsirup und Joghurt verrühren. Den Mehlmix dazugeben und alles mit den Knethaken des Handrührgeräts zu einem glatten Teig rühren.

2 Das Öl in einer Pfanne erhitzen und den Teig darin nach und nach zu 8 Pancakes backen.

TIPP
Für einen fruchtigen Dip 250 g griechischen Joghurt mit 2 TL Ahornsirup glatt rühren und mit 100 g Heidelbeeren mischen.

Für 6 Stück • 25 Min. Zubereitung • 40 Min. Ruhen • 20 Min. Backen • Pro Stück ca. 325 kcal, 7 g E, 8 g F, 52 g KH

SESAMFLADEN

AUS DER TÜRKEI

200 g Reismehl und Mehl zum Arbeiten
100 g Maismehl
50 g Maisstärke
2 TL Johannisbrotkernmehl
1 TL Salz
1 Pck. glutenfreie Trockenhefe
1 EL Honig
125 ml Milch
2 EL Öl
1 Ei (M)
2 EL heller Sesam

1 Reismehl, Maismehl und Maisstärke mit Johannisbrotkernmehl und Salz in einer Schüssel mischen. Die Trockenhefe mit 125 ml lauwarmem Wasser und Honig verrühren. Die Milch erwärmen, mit der angerührten Hefe und dem Öl zum Mehl geben und mit den Knethaken des Handrührgeräts zu einem glatten, nicht zu festen Teig verkneten. Zugedeckt 30 Min. gehen lassen.

2 Den Backofen auf 200° vorheizen. Zwei Backbleche mit Backpapier belegen. Teig auf wenig Mehl durchkneten und in sechs gleich große Stücke teilen. Die Teigstücke leicht ausrollen, zu runden Fladen formen und auf die Backbleche legen. Das Ei mit 1 EL Wasser verrühren. Die Fladen damit bestreichen und mit Sesam bestreuen. Zugedeckt 10 Min. ruhen lassen. Die Sesamfladen im Ofen (Mitte) in ca. 20 Min. goldbraun backen.

Für 1 Quicheform (30 cm ∅; 12 Stücke) • 40 Min. Zubereitung • 55 Min. Backen • Pro Stück ca. 226 kcal, 9 g E, 18 g F, 6 g KH

GEMÜSEQUICHE

KLASSIKER

FÜR DEN TEIG

125 g Magerquark
125 ml Rapsöl und Öl für die Form
1 Ei (M)
Salz
250 g Maismehl
1 TL Johannisbrotkernmehl

FÜR DEN BELAG

450 g TK-Gemüsemix
2 Eier (M)
200 g Schmand
100 g geriebener Pecorino
Salz
frisch geriebene Muskatnuss

TEIG: Den Backofen auf 180° vorheizen. Die Form fetten. Den Quark mit Öl, Ei und ½ TL Salz glatt rühren. Maismehl und Johannisbrotkernmehl mischen und mit dem Quarkmix zu einem glatten Teig kneten. Den Teig in die vorbereitete Form drücken, dabei einen 2 cm hohen Rand formen. Im Ofen (Mitte) 15 Min. vorbacken. Herausnehmen und das Backpapier entfernen.

BELAG: Das Gemüse aus der Packung nehmen und leicht antauen lassen. Die Eier mit Schmand verrühren. Den geriebenen Käse unterrühren und mit Salz und Muskat würzen. Das Gemüse mit der Schmandcreme vermischen und auf dem Teigboden verteilen. Im Ofen (Mitte) ca. 40 Min. backen.

Für 1 Quicheform (30 cm ∅, 12 Stücke) • 30 Min. Zubereitung • 30 Min. Kühlen • 40 Min. Backen • Pro Stück ca. 230 kcal, 7 g E, 19 g F, 8 g KH

RÄUCHERFISCHQUICHE

FRÜHLINGS-REZEPT

FÜR DEN TEIG

125 g Buchweizenmehl und Mehl zum Arbeiten
1 TL Flohsamenschalen
½ TL Salz
125 g kalte Butter und Butter für die Form
125 g Magerquark

FÜR DEN BELAG

2 Eier (M)
200 g Crème fraîche
Salz
frisch geriebene Muskatnuss
180 g Räucherfisch
1 EL Schnittlauchröllchen

TEIG: Das Buchweizenmehl mit Flohsamenschalen und Salz mischen. Die Butter in Flöckchen unter das Mehl mischen. Den Quark in ein sauberes Geschirrtuch füllen und gut ausdrücken. Dazugeben und alles zu einem glatten Teig verkneten. In Frischhaltefolie wickeln und 30 Min. kalt stellen.

BELAG: Die Eier mit der Crème fraîche glatt rühren. Mit Salz und Muskat würzen.

FERTIGSTELLEN: Den Backofen auf 180° vorheizen. Die Quicheform fetten. Den Teig auf wenig Buchweizenmehl in Größe der Form ausrollen. Die Form damit auslegen, dabei einen 2 cm hohen Rand formen. Die Räucherfischfilets grob zerpflücken und auf dem Teigboden verteilen. Den Guss darübergießen. Quiche im Ofen (Mitte) ca. 40 Min. backen. Herausnehmen, mit Schnittlauchröllchen bestreuen und noch warm servieren.

SPINATPASTETE

FÜR GÄSTE

Für 1 Tarteform (30 cm ∅; 12 Stücke) • 40 Min. Zubereitung • 30 Min. Kühlen • 45 Min. Backen • Pro Stück ca. 370 kcal, 8 g E, 23 g F, 34 g KH

FÜR DEN TEIG

200 g Reismehl und Mehl zum Arbeiten
100 g Teffmehl
75 g Speisestärke
1 TL Flohsamenschalen
½ TL Salz
200 g kalte Butter und Butter für die Form
2 Eier (M)

FÜR DEN BELAG

750 g junger Spinat
2 EL Öl
2 Eier (M)
30 g Puderzucker
Salz
frisch geriebene Muskatnuss
3 Äpfel (z. B. Elstar, ca. 450 g)
40 g geröstete Pinienkerne
100 g Ziegenfrischkäse
1 Eigelb (M) zum Bestreichen
2 EL Milch
Puderzucker zum Bestäuben

GU CLOU

Das Zusammenspiel von leicht süß und pikant verleiht der Pastete einen unvergleichlichen Geschmack.

TEIG: Die Mehle mit Speisestärke, Flohsamenschalen und Salz in einer Schüssel mischen. In die Mitte eine Mulde drücken, die Butter in Flöckchen und die Eier dazugeben (Bild 1). Alles auf der Arbeitsfläche zu einem glatten Teig verkneten. In Frischhaltefolie wickeln und 30 Min. kalt stellen (Bild 2).

BELAG: Den Spinat waschen, grobe Stiele entfernen. In einem Topf bei geringer Hitze zusammenfallen lassen und mit Öl vermischen (Bild 3).

Die Eier und Puderzucker mit den Schneebesen des Handrührgeräts verrühren. Den Spinat dazugeben und alles gut vermischen. Mit Salz und Muskat würzen. Die Äpfel waschen und schälen, die Kerngehäuse entfernen. Die Äpfel mit dem Gemüsehobel in dünne Scheiben hobeln.

FERTIGSTELLEN: Den Backofen auf 180° vorheizen. Die Form fetten. Den Teig halbieren und auf Reismehl jeweils in Größe der Form ausrollen. Eine Teigplatte in die Form geben, dabei einen 2 cm hohen Rand formen. Spinatmischung darauf verteilen. Mit den Pinienkernen und dem zerbröselten Ziegenkäse bestreuen (Bild 4).

Die Äpfel darauf verteilen. Teigdeckel auflegen und an den Seiten andrücken (Bild 5). Mit einer bemehlten Gabel ein Muster in die Oberfläche drücken. Eigelb mit Milch verrühren, Pastete damit bestreichen. Im Ofen (Mitte) 45 Min. backen. Herausnehmen und leicht mit Puderzucker bestäuben (Bild 6).

Für 6 Stück • 25 Min. Zubereitung • 1 Std. Ruhen • 10 Min. Backen • Pro Stück ca. 280 kcal, 4 g E, 11 g F, 41 g KH

PIZZABROT

ALS VORSPEISE

FÜR DEN TEIG

150 g Reismehl und Mehl zum Arbeiten
150 g Hirsemehl
½ TL Salz
15 g frische Hefe
½ TL Honig
3 EL Olivenöl
Fett für das Blech

FÜR DEN BELAG

250 g Tomaten
2 Stängel Rosmarin
1 Knoblauchzehe
3 EL Olivenöl
grobes Meersalz

TEIG: Die Mehle mit Salz in einer Schüssel mischen. Die Hefe zerbröckeln, mit 200 ml lauwarmem Wasser und Honig verrühren und mit dem Olivenöl zur Mehlmischung geben. Alles zu einem glatten Teig verkneten. Teig zugedeckt 1 Std. gehen lassen.

BELAG: Die Tomaten waschen und in kleine Würfel schneiden, dabei die Stielansätze herausschneiden. Rosmarin waschen, trocken schütteln, die Nadeln von den Stängeln zupfen und grob hacken. Den Knoblauch schälen und in kleine Würfel schneiden. Alles mit Olivenöl vermischen.

FERTIGSTELLEN: Den Backofen auf 220° vorheizen. Backblech fetten. Den Teig auf wenig Reismehl durchkneten, zu einem dünnen Fladen formen, dabei den Rand etwas dicker lassen. Tomatenmischung auf dem Fladen verteilen und mit Meersalz bestreuen. Im Ofen (Mitte) 8–10 Min. backen, bis der Rand schön gebräunt ist.

Für 6 Stück • 25 Min. Zubereitung • 1 Std. Ruhen • 10 Min. Backen •
Pro Stück ca. 350 kcal, 11 g E, 16 g F, 41 g KH

PIZZA MIT RUCOLA

AUS ITALIEN

FÜR DEN TEIG

150 g Reismehl und Mehl zum Arbeiten
150 g Hirsemehl
½ TL Salz
15 g frische Hefe
½ TL Honig
3 EL Olivenöl
Fett für das Blech

FÜR DEN BELAG

2 Tomaten (ca. 400 g)
3 EL Olivenöl
Salz, Pfeffer
200 g Mozzarella
1 Bund Rucola

TEIG: Die Mehle mit Salz mischen. Die Hefe zerbröckeln, mit 200 ml lauwarmem Wasser, Honig und Olivenöl verrühren, zum Mehlmix geben und alles mit den Knethaken des Handrührgeräts zu einem glatten Teig verkneten. Zugedeckt 1 Std. gehen lassen.

BELAG: Den Backofen auf 250° vorheizen, Backblech fetten. Tomaten kurz in kochendes Wasser tauchen, herausnehmen, häuten und klein würfeln. Tomatenwürfel mit 2 EL Olivenöl in einem Topf 10 Min. köcheln lassen. Mit Salz und Pfeffer würzen. Mozzarella in dünne Scheiben schneiden, Rucola waschen und trocken schütteln.

Pizzateig auf wenig Reismehl durchkneten und zu einem runden Fladen formen, dabei den Rand etwas dicker lassen. Auf das Blech legen. Mit Tomaten bestreichen und mit Mozzarellascheiben belegen. Übriges Olivenöl darüberträufeln. Im Ofen (Mitte) 8–10 Min. backen. Pizza mit Rucola belegen und sofort servieren.

Für 8 Stück • 30 Min. Zubereitung • 30 Min. Ruhen • 20 Min. Backen •
Pro Stück ca. 320 kcal, 7 g E, 21 g F, 25 g KH

FLAMMKUCHEN

AUS DEM ELSASS

FÜR DEN TEIG
100 g Reismehl
100 g Buchweizenmehl
50 g Kartoffelstärke
1 EL Flohsamen
Salz
1 Pck. Trockenhefe
4 EL Olivenöl

FÜR DEN BELAG
100 g Speck (in Scheiben)
1 Zwiebel
100 g Magerquark
150 g Sahne
3 EL Olivenöl
Salz, Pfeffer

VARIANTE
1 Bund Frühlingszwiebeln in Ringe schneiden, mit 2 EL Öl mischen. 4 getrocknete Tomaten hacken. 1 Ei mit 300 g saurer Sahne und 50 g Reibekäse verrühren, würzen. Auf dem Teig verteilen. Zwiebeln, Tomaten und 50 g gehackte Walnüsse aufstreuen.

TEIG: Die Mehle mit Kartoffelstärke, Flohsamenschalen und ½ TL Salz mischen. Trockenhefe mit 100 ml lauwarmem Wasser verrühren und mit dem Olivenöl zur Mehlmischung geben. Alles mit den Knethaken des Handrührgeräts zu einem glatten Teig verarbeiten. Den Teig zugedeckt 30 Min. gehen lassen.

BELAG: Den Speck in feine Streifen schneiden. Die Zwiebel schälen und fein würfeln. Den Quark mit der Sahne und dem Öl glatt rühren. Die Zwiebelwürfel unterheben. Mit Salz und Pfeffer würzen.

FERTIGSTELLEN: Den Backofen auf 220° vorheizen. Ein Backblech mit Backpapier belegen. Den Teig nochmals durchkneten, wenn nötig noch etwas Buchweizenmehl dazugeben. Den Teig auf Backpapier zu einem ca. 3–4 mm dünnen länglichen Fladen ausrollen und auf das Blech legen. Die Quarkcreme auf den Boden streichen, die Speckstreifen aufstreuen. Im Ofen (Mitte) ca. 20 Min. backen.

DIE BESONDEREN

Für 20 Stück • 10 Min. Zubereitung • 15 Min. Backen • Pro Stück ca. 90 kcal, 2 g E, 6 g F, 7 g KH

MADELEINES

AUS FRANKREICH

80 g Butter • 3 Eiweiß • Salz • 1 TL abgeriebene Bio-Orangenschale • 100 g Puderzucker • 100 g geschälte, gemahlene Mandeln • 40 g Speisestärke • flexible Madeleinesform

1 Den Backofen auf 180° vorheizen. Madeleinesform auf ein Backblech legen. Die Butter in einem Topf erhitzen, bis sie leicht gebräunt ist. Abkühlen lassen.

2 Die Eiweiße mit 1 Prise Salz steif schlagen. Orangenschale mit Puderzucker, gemahlenen Mandeln und Speisestärke mischen und unter die Eiweißmasse rühren. Die Butter unterziehen.

3 Den Teig mit einem Löffel in die Vertiefungen der Form füllen. Im Ofen (Mitte) ca. 15 Min. backen. Herausnehmen und leicht abgekühlt aus den Formen lösen.

Für ca. 40 Stück • 45 Min. Zubereitung • 15 Min. Backen • Pro Stück ca. 115 kcal, 1 g E, 9 g F, 8 g KH

HASELNUSS-PLÄTZCHEN

FÜR WEIHNACHTEN

200 g gemahlene Haselnüsse • 200 g weiche Butter • 125 g Puderzucker • 1 Pck. Vanillezucker • 150 g Speisestärke • 50 g Mandelmehl • 1 Prise Kardamom • ca. 40 Haselnüsse

1 Die Haselnüsse in einer Pfanne ohne Fett anrösten und abkühlen lassen. Die Butter mit Puderzucker und Vanillezucker glatt rühren. Haselnüsse, Speisestärke und Mandelmehl mit Kardamom dazugeben und rasch zu einem glatten Teig verkneten. Aus dem Teig eine ca. 3 cm dicke Rolle formen, in Frischhaltefolie wickeln und 30 Min. kalt stellen.

2 Den Backofen auf 160° vorheizen. Ein Backblech mit Backpapier belegen. Die Teigrolle in 2 cm dicke Scheiben schneiden und daraus Kugeln formen. Die Kugeln aufs Blech setzen. Jeweils 1 Haselnuss in die Kugeln drücken. Die Plätzchen im Ofen (Mitte) ca. 15 Min. backen.

Für ca. 45 Stück • 20 Min. Zubereitung • 15 Min. Backen • Pro Stück ca. 40 kcal, 1 g E, 2 g F, 3 g KH

AMARETTI

AUS ITALIEN

200 g geschälte, gemahlene Mandeln • 100 g Zucker • 5 Tropfen Bittermandelöl • 2 Eiweiß • Salz • Puderzucker zum Bestäuben

1 Den Backofen auf 150° vorheizen. Ein Backblech mit Backpapier belegen. Die Mandeln mit 80 g Zucker und Bittermandelöl mischen. Die Eiweiße steif schlagen, übrigen Zucker einrieseln lassen und weiterrühren, bis die Masse glänzt. Die Mandelmischung unterheben. Mit zwei Teelöffeln kleine Häufchen auf ein Backblech setzen.

2 Die Plätzchen im Ofen (Mitte) 15 Min. backen. Den Ofen ausschalten und die Plätzchen noch ca. 1 Stunde trocknen lassen. Herausnehmen, vom Blech lösen und auf einem Kuchengitter abkühlen lassen. Mit Puderzucker bestäuben.

Für ca. 35 Stück • 25 Min. Zubereitung • 15 Min. Backen • Pro Stück ca. 65 kcal, 1 g E, 5 g F, 4 g KH

SCHOKO-KOKOS-PLÄTZCHEN

SCHNELL

100 g Zartbitter-Schokolade • 100 g weiche Butter • 50 g Kokoszucker (ersatzweise Puderzucker) • 1 Eigelb • 100 g Kokosraspel • 50 g Reismehl • 1 EL Speisestärke

1 Den Backofen auf 180° vorheizen. Ein Backblech mit Backpapier belegen. Die Schokolade in Stücke brechen und über dem heißen Wasserbad schmelzen lassen. Butter mit Zucker, Eigelb und geschmolzener Schokolade cremig verrühren. Kokosraspel mit Reismehl und Speisestärke mischen und unterrühren.

2 Mit zwei Teelöffeln kleine Häufchen auf das Blech setzen. Im Ofen (Mitte) ca. 15 Min. backen. Herausnehmen und abkühlen lassen.

GU **CLOU**

Die Torte lässt sich ohne Deko einfrieren. Zum Auftauen 2 Std. in den Kühlschrank stellen. 200 g Sahne mit 1 Pck. Sahnesteif aufschlagen, 2 EL Erdbeersirup unterrühren und die Torte damit verzieren.

Für 1 Springform (22 cm ∅; 12 Stücke) • 50 Min. Zubereitung • 12 Std. Ruhen • 40 Min. Backen • Pro Stück ca. 625 kcal, 13 g E, 46 g F, 40 g KH

ERDBEERCREMETORTE

GUT VORZUBEREITEN

FÜR DEN TEIG
50 g Butter
6 Eier (M)
Salz
250 g Zucker
300 g gemahlene Mandeln
50 g Speisestärke

FÜR DIE CREME
500 g Erdbeeren
50 g Puderzucker
100 g weiße Schokolade
500 g Sahne
250 g Mascarpone
1 Pck. Gelatine-Fix

AUSSERDEM
einige schöne Erdbeeren und Minzeblättchen für die Garnitur

TIPP
Für mehr Frucht die Böden mit 150 g Aprikosenkonfitüre glasieren und die Torte mit 200 g Erdbeeren füllen.

TEIG: Den Backofen auf 180° vorheizen. Den Boden der Springform mit Backpapier belegen. Die Butter zerlassen. Die Eier trennen. Die Eiweiße mit 1 Prise Salz steif schlagen. Den Zucker und die Eigelbe langsam unter Rühren dazugeben. Die Mandeln mit Speisestärke mischen und unter die Eiercreme ziehen. Die zerlassene Butter unterrühren. Den Teig in die Form füllen. Im Ofen (Mitte) ca. 40 Min. backen. Herausnehmen, abkühlen lassen und aus der Form lösen. Biskuit am besten über Nacht ruhen lassen.

CREME: Die Erdbeeren putzen, waschen, trocken tupfen und klein schneiden. Erdbeeren mit Puderzucker mit dem Pürierstab pürieren und kalt stellen. Schokolade in Stücke brechen, 100 g Sahne in einem Topf erhitzen, Schokolade darin auflösen. Erdbeerpüree mit Schokoladensahne und Mascarpone mit den Schneebesen des Handrührgeräts cremig verrühren. Übrige Sahne mit Gelatine-Fix steif schlagen. Erdbeer-Schokocreme unter die Sahne rühren. Creme kalt stellen.

FERTIGSTELLEN: Den Biskuit quer in drei Böden teilen. Auf 2 Böden je ein Viertel der Creme geben und aufeinandersetzen. Dritten Boden auflegen. Die übrige Creme rundum locker auf den Kuchen geben und glatt streichen. Die Erdbeeren mit den Minzeblättchen mittig auf den Kuchen legen.

Für 1 Backblech (30 × 40 cm; 12 Stück) • 30 Min. Zubereitung • 12 Min. Backen • 2 Std. Kühlen • Pro Stück ca. 275 kcal, 5 g E, 15 g F, 29 g KH

HIMBEERROULADE

SOMMER-REZEPT

5 Eier (M)
Salz
80 g Zucker
70 g Buchweizenmehl
50 g gemahlene Haselnüsse
300 g Himbeeren
150 g Doppelrahm-Frischkäse
50 g Puderzucker
250 g Sahne
1 Pck. Sahnesteif

AUSSERDEM

Zucker für das Tuch
Puderzucker zum Bestäuben

1 Backofen auf 200° vorheizen. Backblech mit Backpapier belegen. Eier trennen. Eiweiße mit 1 Prise Salz steif schlagen. Eigelbe mit 2 EL Wasser und Zucker dick-cremig rühren. Buchweizenmehl und Nüsse mischen. Mit dem Eischnee unter die Eigelbmasse ziehen.

2 Den Teig aufs Blech geben und glatt streichen. Im Ofen (Mitte) ca. 12 Min. backen. Ein Küchentuch mit Zucker bestreuen, Biskuit darauf stürzen. Das Papier abziehen und den Biskuit mithilfe des Tuches locker aufrollen. Abkühlen lassen.

3 Die Himbeeren verlesen. Frischkäse mit Puderzucker glatt rühren. Die Sahne mit Sahnesteif steif schlagen, Frischkäse löffelweise unterrühren. Biskuitplatte entrollen, mit der Creme bestreichen, die Himbeeren darauf verteilen und von der Längsseite her locker einrollen. Mit der Schnittstelle nach unten auf eine Platte legen. Die Rolle 2 Std. kalt stellen. Vor dem Servieren mit Puderzucker bestäuben.

Für 1 Backblech (30 × 40 cm; 12 Stück) • 30 Min. Zubereitung • 12 Min. Backen • 2 Std. Kühlen • Pro Stück ca. 245 kcal, 7 g E, 16 g F, 19 g KH

SCHWARZWÄLDER KIRSCHROLLE

FÜR GÄSTE

5 Eier (M)
80 g Zucker
Salz
100 g gemahlene Mandeln
2 TL Speisestärke
1 EL Kakaopulver
1 Glas Sauerkirschen (700 g)
300 g Sahne
1 Pck. Gelatine-Fix
1 EL Puderzucker
1 EL Kirschwasser (nach Belieben)

AUSSERDEM

Zucker für das Tuch
Puderzucker zum Bestäuben

1 Den Backofen auf 200° vorheizen. Ein Backblech mit Backpapier belegen. Die Eier trennen. Die Eiweiße steif schlagen. Die Eigelbe mit 2 EL Wasser, Zucker und 1 Prise Salz dick-cremig rühren. Die Mandeln mit Speisestärke und Kakaopulver mischen und mit dem Eischnee unter die Eigelbcreme ziehen.

2 Den Teig glatt auf dem Blech verstreichen. Im Ofen (Mitte) ca. 12 Min. backen. Ein Küchentuch mit Zucker bestreuen. Biskuit darauf stürzen. Das Backpapier abziehen und den Biskuit mithilfe des Tuches locker aufrollen. Abkühlen lassen.

3 Kirschen abtropfen lassen. Sahne mit Gelatine-Fix steif schlagen. Puderzucker und nach Belieben Kirschwasser unterrühren. Biskuitplatte entrollen, Sahne daraufgeben, Kirschen darauf verteilen. Von der Längsseite her einrollen. Mit der Schnittstelle nach unten auf eine Platte legen. 2 Std. kalt stellen. Mit Puderzucker bestäuben.

Für 1 Springform (28 cm ∅; 16 Stücke) • 50 Min. Zubereitung • 20 Min. Backen • Pro Stück ca. 225 kcal, 6 g E, 15 g F, 18 g KH

MANDELBAISER MIT BEEREN

LOW CARB

5 Eiweiß (M)
Salz
100 g heller Rohrzucker
250 g gemahlene Mandeln
30 g Speisestärke
50 g Mandelblättchen
800 g frische Beeren
(z. B. Himbeeren, Brombeeren Johannisbeeren, Heidelbeeren)
150 g Joghurt
1 EL Agavendicksaft
200 g Sahne

AUSSERDEM
Puderzucker zum Bestäuben

1 Den Backofen auf 160° vorheizen. Backblech mit Backpapier belegen. Die Eiweiße mit 1 Prise Salz und Rohrzucker über dem heißen Wasserbad steif schlagen, bis die Masse schön glänzt. Die Mandeln mit Speisestärke mischen und unterheben. Die Mandelmasse auf das Blech streichen und mit Mandelblättchen bestreuen. Im Ofen (Mitte) ca. 20 Min. backen. Herausnehmen, abkühlen lassen und auf ein Blech oder eine Platte stürzen.

2 Die Beeren verlesen. Joghurt mit Agavendicksaft verrühren. Die Sahne steif schlagen, Joghurtmischung unterrühren. Joghurtcreme auf dem Mandelboden verteilen und mit den Beeren belegen. Mit Puderzucker bestäubt servieren.

Für 1 Backblech (30 × 40 cm; 20 Stücke) • 20 Min. Zubereitung • 35 Min. Backen •
Pro Stück ca. 255 kcal, 5 g E, 18 g F, 18 g KH

KIRSCHKUCHEN

EINFACH

800 g frische Kirschen
(ersatzweise Sauerkirschen aus dem Glas)
180 g Rohrzucker
200 g weiche Butter
1 Pck. Vanillezucker
4 Eier (M)
200 g gemahlene Mandeln
100 g Reismehl
1 TL Backpulver
100 g Mandelblättchen
1 EL Puderzucker

1 Den Backofen auf 180° vorheizen. Ein Backblech mit Backpapier belegen. Die Kirschen waschen, halbieren, entsteinen und mit 2 EL Rohrzucker vermischen. Die weiche Butter mit übrigem Rohrzucker und Vanillezucker cremig schlagen. Die Eier nach und nach unter Rühren dazugeben. Mandeln, Reismehl und Backpulver mischen, dazugeben und alles gut verrühren.

2 Den Teig auf das Blech geben und glatt streichen. Die vorbereiteten Kirschen darauf verteilen. Den Kuchen im Ofen ca. 35 Min. backen. Mandelblättchen mit Puderzucker mischen und nach 25 Min. Backzeit auf den Kuchen streuen. Den Kuchen fertig backen.

Für eine Springform (24 cm ∅; 12 Stücke) • 40 Min. Zubereitung • 20 Min. Backen • 4 Std. Kühlen • Pro Stück ca. 295 kcal, 12 g E, 17 g F, 22 g KH

KÄSESAHNETORTE

FÜR GÄSTE

FÜR DEN TEIG
30 g Butter
4 Eier (M)
120 g Zucker
90 g Mandelmehl

FÜR DIE KÄSECREME
6 Blatt Gelatine
3 Eigelb (M)
100 g Puderzucker
500 g Magerquark
2 EL Zitronensaft
400 g Sahne

AUSSERDEM
Tortenring
Puderzucker zum Bestäuben

TIPP
Den Boden der Käsesahnetorte mit Pfirsichhälften aus der Dose belegen. Käsesahnecreme daraufgeben und glatt streichen. Den Deckel auflegen, leicht andrücken. Torte mindestens 4 Std. kalt stellen.

TEIG: Den Backofen auf 180° vorheizen. Eine Springform mit Backpapier auslegen. Die Butter zerlassen. Die Eier mit Zucker in 6 Min. dick-cremig rühren. Das Mandelmehl und die Butter unter die Eiercreme ziehen. Den Teig in die vorbereitete Form füllen, im Ofen (Mitte) ca. 20 Min. backen. Herausnehmen und auf einem Kuchengitter auskühlen lassen.

CREME: Die Gelatine 5 Min. in kaltem Wasser einweichen. Die Eigelbe mit Puderzucker über dem heißen Wasserbad cremig rühren, Quark und Zitronensaft unterrühren. Die Gelatine tropfnass in einem kleinen Topf auflösen. Mit 2 EL Quarkcreme verrühren und unter die Quarkmasse mischen. Die Sahne steif schlagen und unterheben.

FERTIGSTELLEN: Den Boden quer durchschneiden. Die untere Hälfte mit einem Tortenring umschließen. Die Creme einfüllen und glatt streichen. Den Deckel in 12 Stücke schneiden, auf die Käsecreme legen und leicht andrücken. Die Torte 4 Std. kalt stellen. Vor dem Servieren aus dem Tortenring lösen und mit Puderzucker bestäuben.

Für 1 Springform (24 cm ∅; 12 Stücke) • 1 Std. Zubereitung • 55 Min. Backen • 6 Std. Trocknen • Pro Stück ca. 575 kcal, 8 g E, 37 g F, 53 g KH

SACHERTORTE

KLASSIKER

FÜR DEN TEIG

200 g Zartbitter-Schokolade
6 Eier (M)
80 g Zucker
200 g weiche Butter
100 g Puderzucker
100 g geschälte, gemahlene Mandeln
50 g Speisestärke

FÜR DIE GLASUR

200 g Aprikosenkonfitüre
200 g Zartbitter-Kuvertüre
150 g Zucker

AUSSERDEM

Fett und Kakaopulver für die Form

TEIG: Den Backofen auf 180° vorheizen. Die Form fetten, mit Kakaopulver bestäuben und kalt stellen. Die Schokolade schmelzen. Die Eier trennen. Eiweiße steif schlagen, Zucker nach und nach unterrühren. Die Butter mit Puderzucker, Schokolade und Eigelben cremig rühren. Die Hälfte des Eischnees unterziehen. Die Mandeln und Speisestärke mischen und mit übrigem Eischnee unter die Schokocreme ziehen.

Den Teig in die Form füllen und im Ofen (Mitte) ca. 55 Min. backen. Herausnehmen und abkühlen lassen. Den Kuchen quer durchschneiden. Die Konfitüre erhitzen und durch ein Sieb streichen (Bild links). Den Boden mit Konfitüre bestreichen. Den Kuchen zusammensetzen und die Oberfläche bestreichen.

GLASUR: Für die Glasur die Kuvertüre grob hacken. Zucker mit 125 ml Wasser in 3 Min. sirupartig einkochen lassen. Vom Herd nehmen. Mit der Kuvertüre zu einer glatten Glasur rühren (Bild rechts). Den Kuchen damit überziehen und die Glasur 6 Std., am besten über Nacht, trocknen lassen.

REGISTER

A

B/C

E/F/G

H

J/K

L/M/N

O/P/Q

R

S

T/W/Z

Abkürzungsverzeichnis:
E = Eiweiß
EL = Esslöffel (gestrichen)
F = Fett
kcal = Kilokalorien
KH = Kohlenhydrate
Msp. = Messerspitze
Pck. = Päckchen
TK = Tiefkühl
TL = Teelöffel (gestrichen)
Ø = Durchmesser

GU ist eine eingetragene Marke der GRÄFE UND UNZER VERLAG GmbH, www.gu.de

ISBN 978-3-8338-7357-7
6. Auflage 2026

Projektleitung: Stephanie Wenzel
Lektorat: Margarethe Brunner
Korrektorat: Ulrike Wagner
Innen- und Umschlaggestaltung: independent Medien-Design, Horst Moser, München
Herstellung: Mendy Willerich
Satz: Kösel, Krugzell
Reproduktion: medienprinzen GmbH, München
Druck und Bindung: Firmengruppe APPL, aprinta druck, Wemding

Printed in Germany

DER AUTOR

Christa Schmedes arbeitet als freie Mitarbeiterin für Zeitschriften- und Buchverlage und in den Studios bekannter Foodfotografen. Seit 1993 ist sie als freiberufliche Autorin tätig; ihre besondere Liebe gilt den Backthemen.

DER FOTOGRAF

Wolfgang Schardt kann seine Liebe für Essen und Trinken beruflich ausleben: In seinem Studio in Hamburg fotografiert er vor allem Food, Stills und Interieur für Magazine, Verlage und Werbung. Sein Team bei diesem Buch: Julia Luck (Foodstylistin) und Janet Hesse (Assistentin).
Sein Blog: veggielicious.de

BILDNACHWEIS

Wolfgang Schardt: S. 01, 04, 06-59; AUEN 60 Photography (Julia Schärdel & Ines Häberlein): Stilleben auf den Klappen; Coverfoto: photisserie, Kathrin Koschitzki

Umwelthinweis:
Dieses Buch ist auf PEFC-zertifiziertem Papier aus nachhaltiger Waldwirtschaft gedruckt.

Syndication:
www.imageprofessionals.com

LIEBE LESERINNEN UND LESER,

wir wollen Ihnen mit diesem Buch Informationen und Anregungen geben, um Ihnen das Leben zu erleichtern oder Sie zu inspirieren, Neues auszuprobieren. Wir achten bei der Erstellung unserer Bücher auf Aktualität und stellen höchste Ansprüche an Inhalt und Gestaltung. Alle Anleitungen und Rezepte werden von unseren Autoren, jeweils Experten auf ihren Gebieten, gewissenhaft erstellt und von unseren Redakteur*innen mit größter Sorgfalt ausgewählt und geprüft.

Haben wir Ihre Erwartungen erfüllt? Sind Sie mit diesem Buch und seinen Inhalten zufrieden? Wir freuen uns auf Ihre Rückmeldung. Und wir freuen uns, wenn Sie diesen Titel weiterempfehlen, in Ihrem Freundeskreis oder bei Ihrem Online-Kauf.

Sollten wir Ihre Erwartungen so gar nicht erfüllt haben, tauschen wir Ihnen Ihr Buch jederzeit gegen ein gleichwertiges zum gleichen oder ähnlichen Thema um.

KONTAKT ZUM LESERSERVICE

GRÄFE UND UNZER VERLAG
Grillparzerstraße 8
81675 München
www.gu.de

WELCHES REZEPT BRAUCHST DU GERADE?

Du hast die Wahl:

- Veggie-Trends?
- Familienküche?
- Partyalarm?
- gesunde Küche?
- Drinks mit und ohne Alkohol?
- Backen?
- Genießerküche?
- und vieles mehr...

Scanne jetzt und finde genau das, was du suchst.

GU Küchenratgeber – Kochen, wie es zu dir passt.

DIE »GU KOCHEN PLUS«-APP

1 APP HERUNTERLADEN

Laden Sie die kostenlose »GU Kochen Plus«-App im Apple App Store oder im Google Play Store auf Ihr Smartphone. Starten Sie die App und wählen Sie Ihren Küchenratgeber aus.

2 REZEPTBILD SCANNEN

Scannen Sie das gewünschte Rezeptbild mit der Kamera Ihres Smartphones. Klicken Sie im Display die Funktion Ihrer Wahl.

3 FUNKTIONEN NUTZEN

Sammeln Sie Ihre Lieblingsrezepte. Speichern und verschicken Sie Ihre Einkaufslisten. Oder nutzen Sie den praktischen Supermarkt-Finder und den Rezept-Planer.